(N° 180)

3 Avril 1909

marqué
P

COLLECTION DE feu M. CHARLES DROUET
(2ᵉ partie)

Vente du Samedi 3 Avril 1909

HOTEL DROUOT — SALLE N° 11

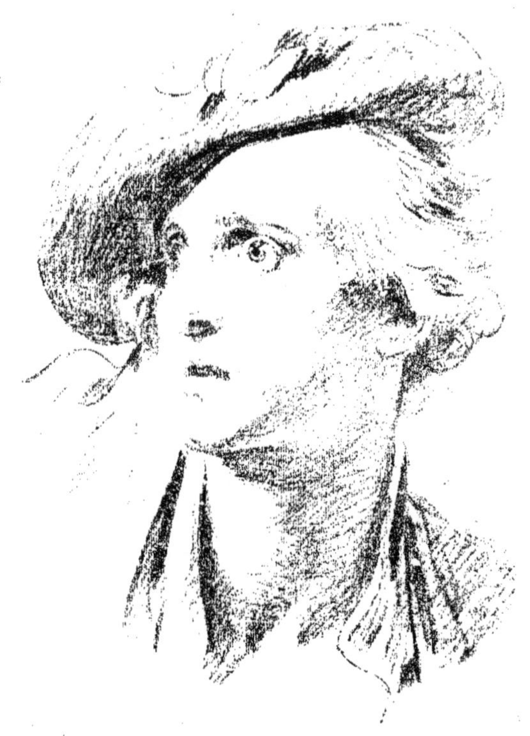

Nᵒ 17 du Catalogue.

PEINTURES ET DESSINS
ANCIENS ET MODERNES

BRONZES DE BARYE

Mᵉ F. LAIR-DUBREUIL　　　　　　　　　　M. LOYS DELTEIL

EXPOSITION PUBLIQUE, HOTEL DROUOT, LE 2 AVRIL 1909

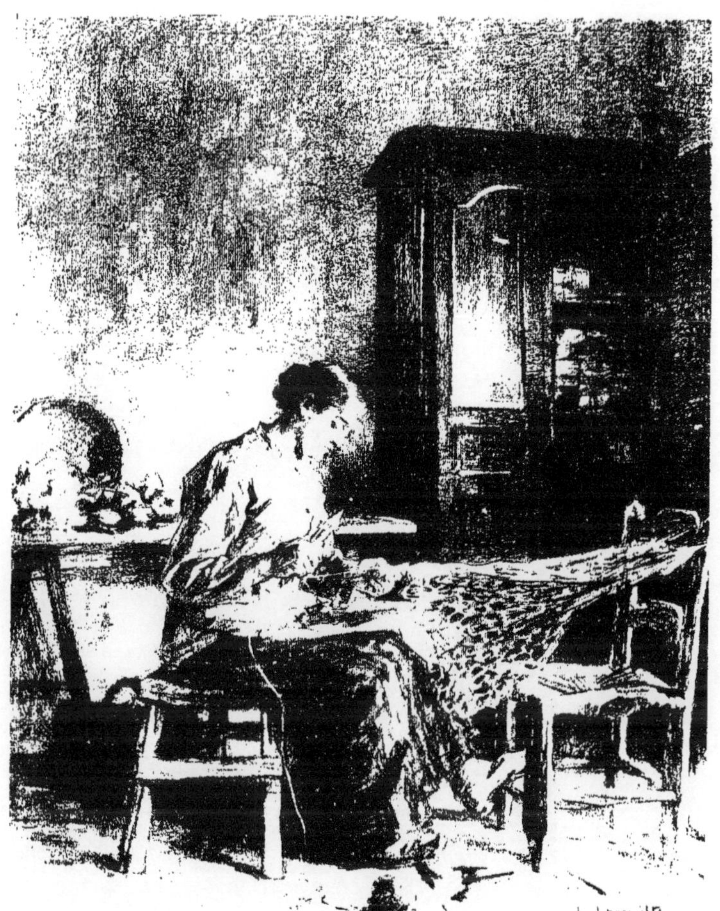

N° 73 du Catalogue.

FRAZIER-SOYE

CATALOGUE

DES

PEINTURES

ET

DESSINS

ANCIENS ET MODERNES

———

BRONZES DE BARYE

COMPOSANT

LA SECONDE PARTIE DES COLLECTIONS

DE FEU M. CHARLES DROUET

Dont la vente aura lieu
à Paris, HOTEL DROUOT, Salle N° 11
Le Samedi 3 Avril 1909
à 2 heures précises

———

Par le Ministère de M° F. LAIR-DUBREUIL,

COMMISSAIRE-PRISEUR

6, Rue Favart, 6

Assisté de M. LOYS DELTEIL, Artiste-Graveur, Expert

2, Rue des Beaux-Arts

CONDITIONS DE LA VENTE

Elle sera faite au comptant.

Les adjudicataires paieront *dix pour cent* en sus des enchères.

M. Loys Delteil remplira les commissions que voudront bien lui confier les amateurs ne pouvant y assister.

MM. les amateurs pourront visiter la collection, 2, *rue des Beaux-Arts*, les Mercredi 31 Mars et Jeudi 1er Avril, de 2 heures à 5 heures.

Exposition Publique, Hotel Drouot, Salle n° 11, le *Vendredi 2 Avril 1909, de 2 heures à 6 heures.*

DÉSIGNATION

ADAN (Louis-Émile)

1. La Leçon de Danse. Peinture. Signée, dédicace.

L. 415. H. 275.

ALIGNY (F. Th. Caruelle d')

2. Le Wehorn, pris à Grindelwald (Oberland Bernois), 1832. A la plume. Signé du monogramme.

H. 660. L. 475.

BAUDUINS (A. F.)

3. Le Paysage aux deux Cavaliers accompagnés chacun d'un piéton. A la plume. Signé.

L. 310. H. 200.

BELLENGER (Georges)

4. Buste de Femme. Au crayon noir. rehauts de craie. Signé, avec dédicace.

H. 255. L. 180.

BERNARD (?)

5. Marie-Antoinette, en buste, de profil à gauche. Dessin à l'imitation de traits de plume, avec rehauts d'aquarelle. De forme ovale.

H. 470. L. 43 .

BLAREMBERGHE (Van)?

6. Le Parc du Rainey. Gouache signé du monogramme VB.

L. 375. H. 295.

BOUCHER (François)

7. Jeune Garçon se dirigeant à gauche, dans une
attitude d'étonnement. A la pierre d'Italie.

H. 310. L. 140.

8. Apollon. Au crayon noir, rehauts de craie.

H. 335. L. 150.

BOUCHER (attribué à F.)

9. Le petit Pont. A la sanguine.

L. 330. H. 240.

10. Le Pont à deux arches. A la pierre d'Italie.

L. 285. H. 190.

11. Jeune Seigneur saluant, figure pour *Don Juan*,
de Molière. A la sanguine.

H. 295. L. 195.

BOUCHER (Ecole de)

12. Jeune Femme assise à terre, arrangeant des fleurs.
Aux trois crayons.

L. 375. H. 280.

13. Femme nue étendue et endormie, un arc dans la
main droite. Au crayon noir, rehaussé de craie,
sur papier bleu.

L. 480. H. 220.

BOUCHER (d'après F.)

14. La Bergère couronnée. Peinture.

L. 615. H. 530.

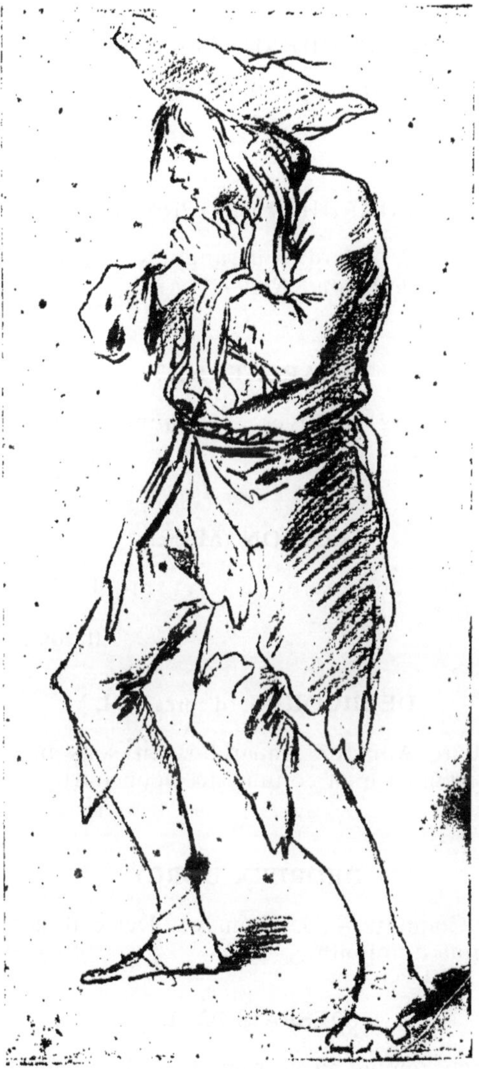

No 7 du Catalogue.

225

CAROLUS-DURAN (Charles A. E., dit)

105   15. Portrait d'Homme. Peinture. Signée et datée : 1878.

H. 475. L. 360.

CHARDIN FILS (Pierre-Jean)

45   16. Tête de Vieillard. A la sanguine. Signé : *Chardin filius Delineavit Romæ*.

H. 270. L. 195.

CHARLET (N. T.)

41   17. Les Joyeux convives. A la mine de plomb, lavé de sépia.

H. 325. L. 230.

CLODION (Michel)?

200   18. Masque de satyre, face et profil. A la pierre d'Italie.

H. 290. L. 170.

DEBUCOURT (d'après P. L.)

160   19. Pauvre Annette. Aquarelle. En sens inverse de l'estampe bien connue de Debucourt.

H. 300. L. 215.

DEDREUX DORCY

76   20. La Coquette — La Pensive. Deux dessins à la mine de plomb.

DESRAIS (C. L.)

105   21. Jeune Femme au perroquet. A la plume, lavé de bistre.

H. 190. L. 140.

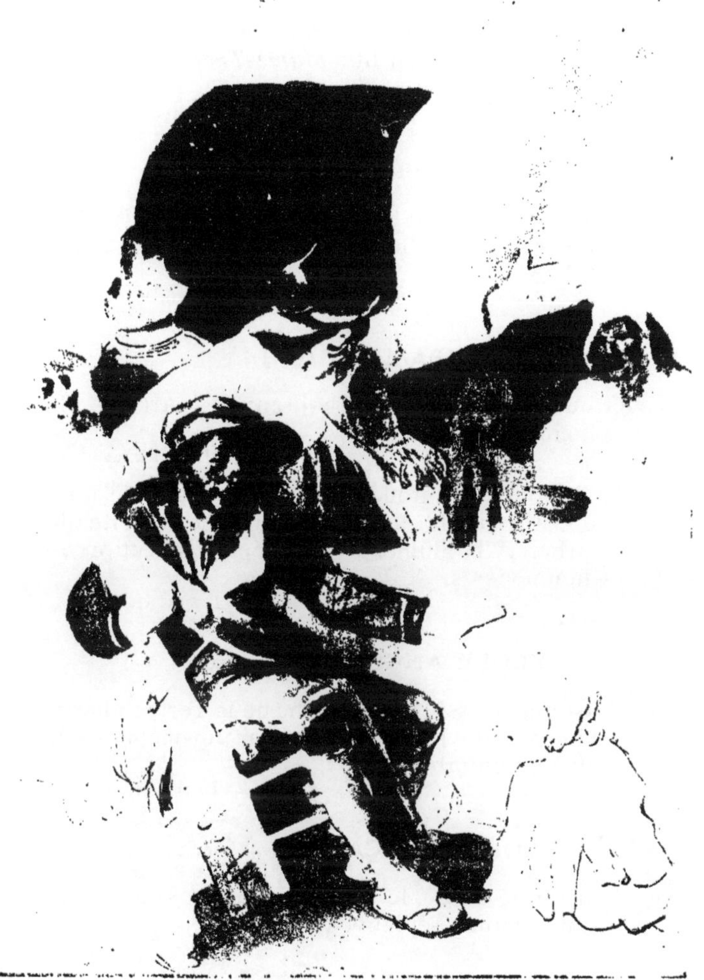

Nº 17 du Catalogue.

DESRAIS (attribué à **C. L.**)

210

22. Marie-Thérèse de Savoie. A la plume, lavé d'aquarelle. En marge on lit : *Marie-Thérèse... à mon bon ami Depain.*

H. 245. L. 180.

DORÉ (Gustave)

80

23. Projet de Diplôme de la Garde Nationale (Siège de Paris, 1870). Plume et encre de chine. Signé et daté : 1870.

L. 510. H. 395.

DURAMEAU (L. J.)

110

24. Groupes d'Amours symbolisant les Arts. A la plume, lavé de sépia.

H. 300. L. 220.

100

25. La Renommée entourée d'Amours, inscrit le nom de Catherine II de Russie, sur une tablette de marbre. A la plume, lavé de sépia. Collection de Chennevières.

L. 435. H. 285.

ECOLE ANGLAISE (xix° siècle)

15

26. Personnage assis sur le globe de la Terre : charge supposée de John Gilbray, par lui-même. A la mine de plomb.

L. 255. H. 180.

ECOLE FRANÇAISE (xviii° siècle)

35

27. Jeune Fille assise, le bras gauche reposant sur un panier. Contre-épreuve de sanguine.

H. 280. L. 210.

38

28. L'Amour contemplant Vénus endormie. Contre-épreuve de sanguine. Collection J. Dupan.

L. 425. H. 255.

65   **29.** Femme assise devant une cheminée, se chauffant. A la plume, lavé de bistre.

L. 185. H. 145.

65   **30.** Jeune Femme en buste, un collier de perles dans les cheveux, les seins nus. Crayon noir et sanguine, avec rehauts de blanc.

H. 435. L. 330.

405   **31.** Buste de Fillette, un triple collier autour du cou. Peinture de forme ovale.

H. 350. L. 270.

280   **32.** Portrait de Femme en buste, de trois quarts à gauche. Au crayon noir.

H. 385. L. 285.

160   **33.** Jeune Femme en buste, coiffée d'un bonnet. Peinture sur carton. De forme ovale.

H. 260. L. 220.

520   **34.** Jeune Homme en buste, de face, en habit marron.

H. 230. L. 185.

50   **35.** Jeune Femme en chemise, endormie sur un divan. A la sanguine.

H. 300. L. 200.

120   **36.** Intérieur de Parc. Aquarelle rehaussée de gouache.

L. 730. H. 510.

140   **37.** Vestiges antiques. A la plume, lavé d'aquarelle.

H. 385. L. 290.

179   **38.** L'Escalier monumental. Sépia.

L. 480. H. 380.

22   **39.** Motif décoratif. A la plume, lavé d'encre de chine et d'aquarelle.

H. 370. L. 145.

22   **40.** Charge supposée du Contrôleur général des finances Bergeret, protecteur de Fragonard.

H. 270. L. 170.

25   **41.** Croquis d'après des Figures de Michel-Ange à la Chapelle Sixtine. A la sanguine. Cadre ancien.

L. 455. H. 265.

ECOLE FRANÇAISE (Débuts du xixe siècle)

42. Portrait de Garçonnet, en buste, tourné de profil à droite.

H. 130. L. 105.

43. Jeune Femme assise. A la mine de plomb, avec l'inscription : *1815 Rome.*

H. 280. L. 185.

ECOLE FRANÇAISE (xixe siècle)

44. Francesca de Rimini. A la mine de plomb, lavé de bistre, avec légende.

H. 220. L. 155.

45. Portrait de Jeune Fille, à mi-corps. Peinture.

H. 355. L. 280.

ECOLE HOLLANDAISE (xviiie siècle)

46. Etude de Femme debout, tournée de profil a droite. tenant un objet dans la main.

H. 290. L. 155.

EISEN (Charles)

47. La Déclaration d'Amour. A la pierre d'Italie. Signé et daté : 1756.

L. 415. H. 270.

FANTIN-LATOUR (Henri)

48. Nature morte : chrysanthèmes dans un vase, et raisins débordant d'une bourriche renversée. Peinture signée et datée (1875), avec dédicace.

L. 515. H. 430.

FRAGONARD (Honoré)

49. Le Temple de la Sybille ? A la pierre d'Italie.

H. 520. L. 410.

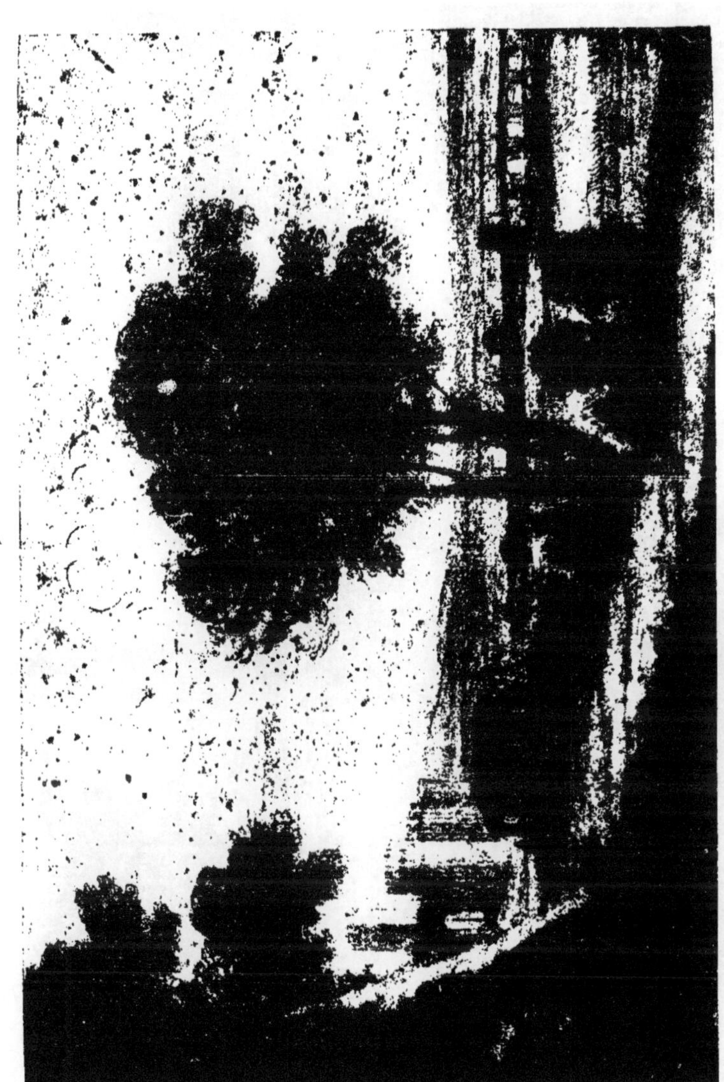

N° 77 du Catalogue.

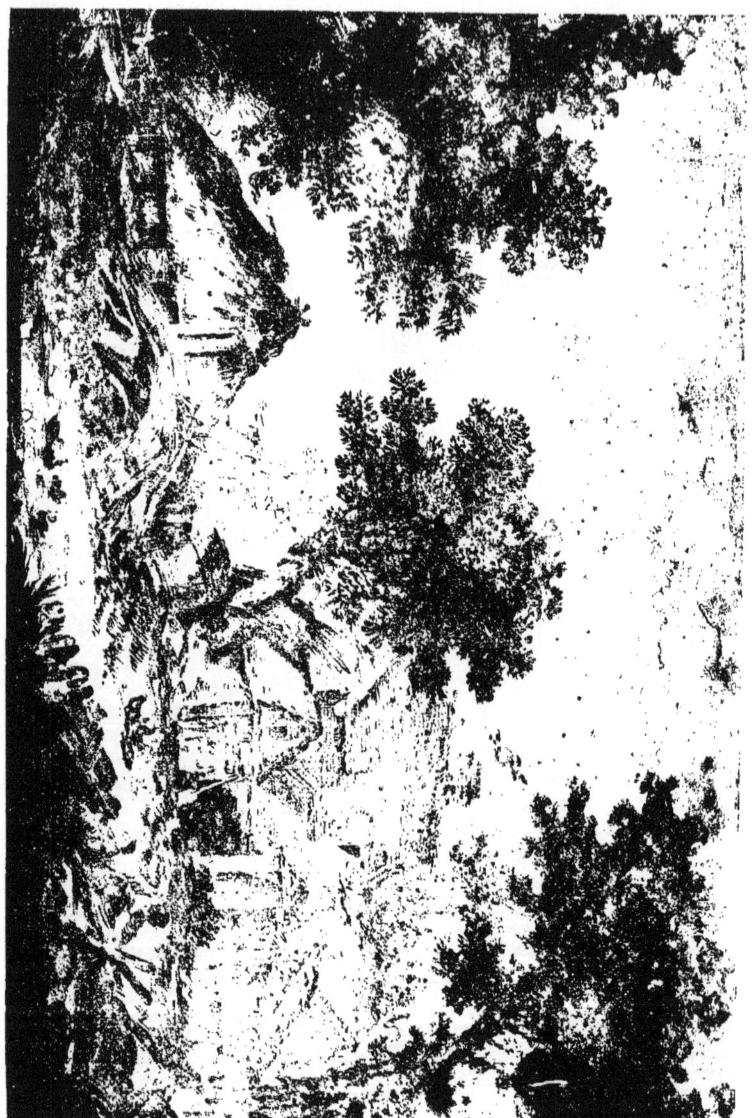

Nº 65 du Catalogue.

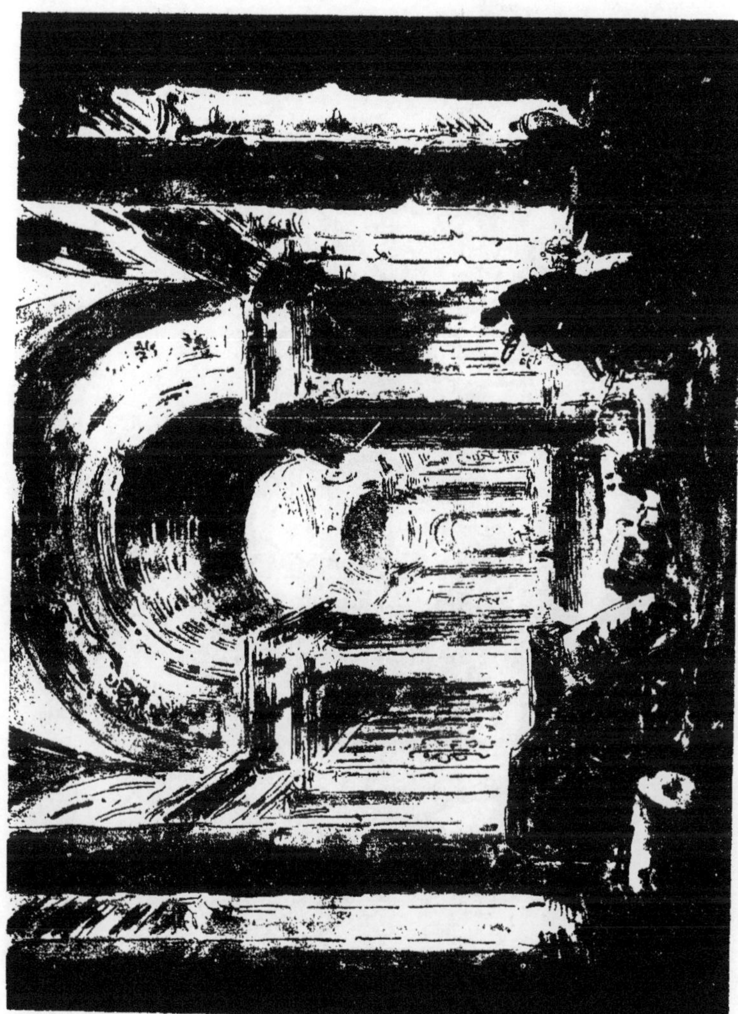

Nº 87 du Catalogue

1850

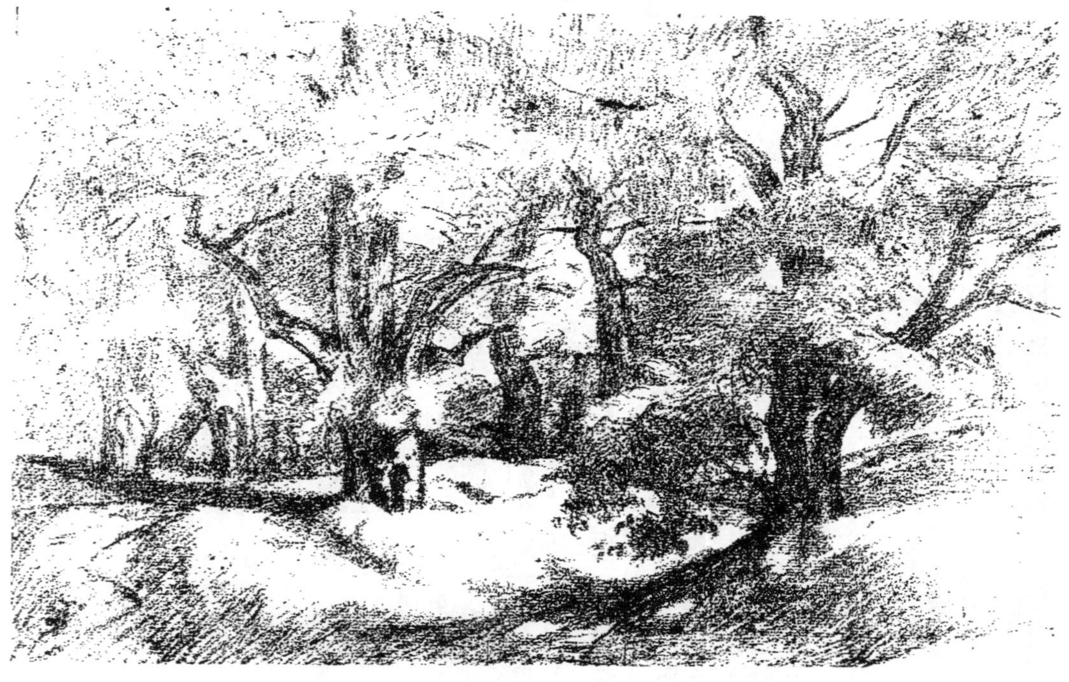

N° 89 du Catalogue.

50

50. L'Amour et Pan — Apollon. Deux dessins à la pierre d'Italie sur la même feuille, d'apr. Aug. et Ann. Carracche.

H. 290. L. 200.

40

51. Allégorie religieuse, d'après Solimène (Sacristie de S¹ Paul, Naples). A la pierre d'Italie.

H. 240. L. 190.

FRAGONARD (attribué à H.)

152

52. Jeu de Satyres. Plume, sépia et encre de chine.

L. 165. H. 145.

GELLÉE (Claude)

260

53. Paysage au château-fort et au pont de pierres. A la sépia. Collection ✠.

L. 290. H. 200.

GÉRICAULT (J. L. Th.)?

102

54. Trois portraits sur le même feuillet : Dupaty, sculpteur, Michallon, peintre? A la mine de plomb.

L. 315. H. 170.

GRAVELOT (H.)

100

55. Frontispice pour : *Carte du haut Dauphiné et de la Frontière de Savoie et de Piémont*. A la plume, lavé de bistre. A été gravé.

L. 610. H. 425.

GRAVELOT (attribué à H.)

36

56. Etude de jeune Seigneur. recto et verso. A la sanguine.

H. 430. L. 245.

GREUZE (J. B.)

305

57. Buste de jeune Homme. exprimant l'effroi. A la sanguine.

H. 435. L. 320.

58. Buste de Vieillard, dans une attitude pensive. A la
sanguine.

H. 405. L. 320.

59. Etude de Femme nue, implorant. A la sanguine.

L. 415. H. 285.

GREUZE (attribué à J. B.)

60. Buste de Jeune Fille. A la sanguine.

H. 420. L. 320.

GUÉRIN (P. N.)

61. L'Amour réchauffant les Arts. A la plume, lavé
d'aquarelle.

L. 205. H. 165.

HAMON (J. L.)

62. Etude d'une figure d'Enfant, de main, et de bras.
A la sanguine. Signé.

L. 335. H. 225.

63. Portrait d'Homme, de profil à gauche. Crayon
noir et fusain.

H. 340. L. 230.

HEAD

64. Paysage accidenté. Sépia.

L. 390. H. 275.

HUET (J. B.)

65. La Cour de Ferme, avec étang et puits. Au crayon
noir, rehaussé d'aquarelle.

L. 500. H. 340.

66. La Cour de Ferme. Au crayon noir. Signé et daté :
1784.

L. 415. H. 275.

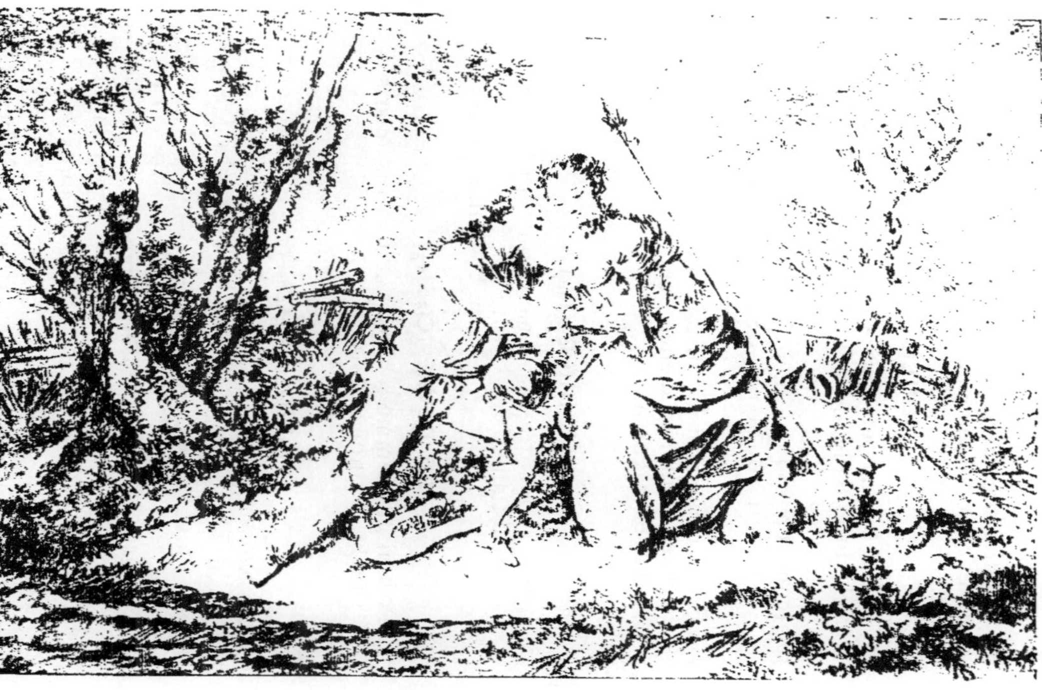

N° 17 du Catalogue.

130

87   67. Un Ane. Au crayon noir. Signé : *J. B. Huet an 9*.
L. 235. H. 185.

15   68. Mouton — Chèvre. Deux dessins signés et datés :
an 8 et *1792*. sous le même cadre.

JOULLAIN

31   69. Jeune Femme étendue sur un lit, soulevant sa
chemise. Sanguine et crayon noir.
L. 290. H. 205.

175   70. Jeune Femme nue assise dans un paysage, tenant
une guirlande de roses. Sanguine et crayon noir.
L. 290. H. 205.

60   71. Femme nue assise sur un coussin, tenant une
écharpe; auprès d'elle, deux colombes. Sanguine et crayon noir.
H. 290. L. 210.

LE DUCQ (Jan)

85   72. Jeune Homme assis, tenant une cruche. A la
pierre d'Italie.
H. 210. L. 150.

LE FÈVRE (Claude)?

147   73. Portrait d'Homme en buste, de trois quarts à
gauche. Peinture. Bois.
H. 340. L. 280.

LEGROS (Alphonse)

55   74. Un Noyé. Peinture.
H. 400. L. 310.

LHERMITTE (Léon)

700   75. L'Ouvrière en filets. Fusain. Signé.
H. 515. L. 410.

220   76. Pêcheuse en costume de travail. Fusain, signé.
H. 500. L. 210.

105   77. Les Squelettes de Bordeaux. Fusain. Signé : L.
Lhermitte 1885, Bordeaux.   L. 600. H. 450.

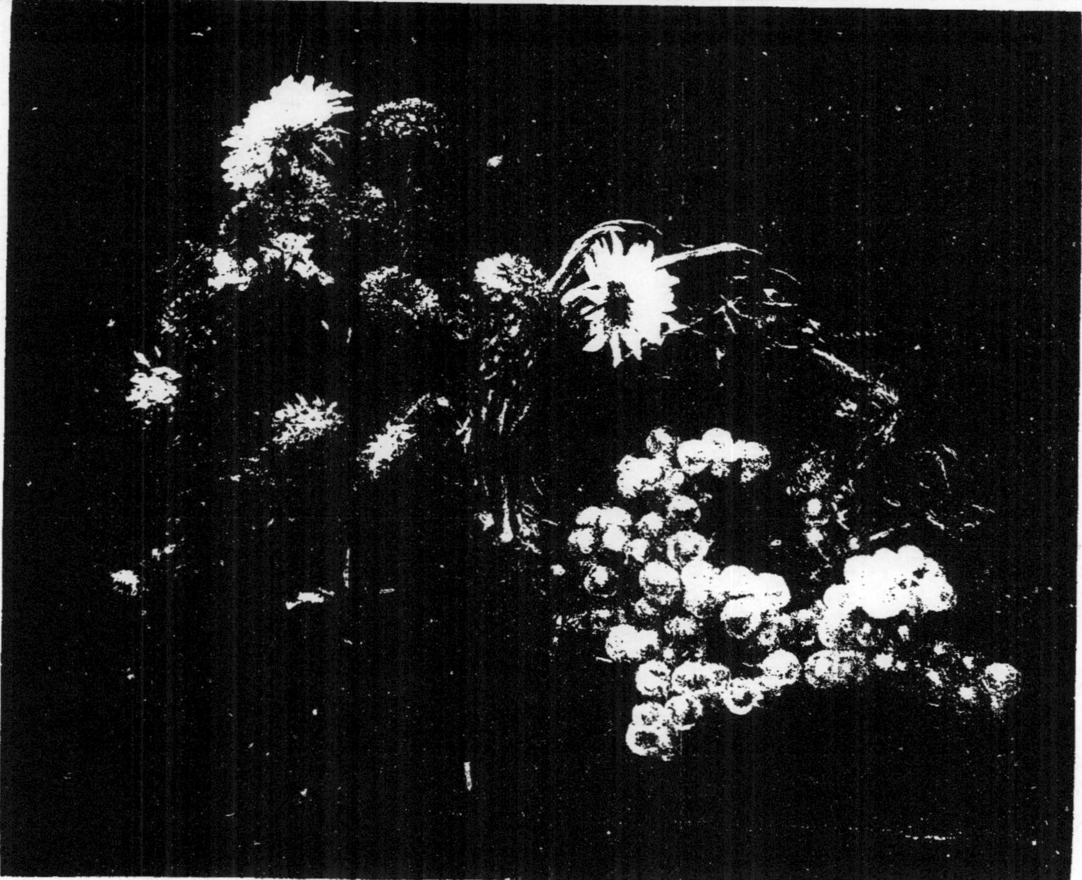

N° 18 du Catalogue.

160 78. La Tourelle. Fusain. Signé.   H. 465. L. 305.

MAYER (Mlle Constance)

150 79. L'Heureuse Mère — La Mère infortunée. Deux
dessins à la plume et crayon, se faisant pendants.
Mis au carreau.
     H. 420. L. 320.

MOREAU LE JEUNE (attribué à J. M.)

550 80. Cortège de la Reine Marie-Antoinette se rendant
à l'Hôtel-de-Ville, à l'occasion des fêtes don-
nées en l'honneur de la Naissance du Dauphin.
A l'encre de chine. A figuré à l'Exp. Universelle
de 1900 (Rétrospective de la Ville de Paris).
     L. 440. H. 240.

165 81. Apothéose. Plume et encre de chine.
     L. 365. H. 245.

NATOIRE (Charles)

155 82. Etude pour la *Psyché*, de l'Hôtel de Soubise. A
la sanguine.
     H. 350. L. 235.

50 83. Etude pour une *Madeleine*. A la pierre d'Italie,
rehauts de craie.
     L. 340. H. 270.

100 84. Etude de Femme nue, tenant un ruban. A la sanguine.
Lemoine
     H. 355. L. 225.

PARIZEAU (Ph. L.)

115 85. La Lettre de l'ab. ent. A la plume, lavé de sépia.
Signé et daté : 1795.
     L. 425. H. 320.

RAFFET (Aug.)?

37 86. Episode du Siège d'Anvers. A la plume, lavé
d'aquarelle et rehaussé de gouache.
     L. 570. H. 370.

VESTIER (attribué à)

270
de Mareillac

95. Tête de jeune Femme. Crayon noir et sanguine.

H. 335. L. 240.

VINCENT (F. A.)

50

96. Portrait de Femme en buste, de profil à droite. Au crayon noir, sur papier rose, avec rehauts de blanc.

H. 460. L. 365.

30

97. Portrait de Femme en buste, de profil à gauche. Au crayon noir, sur papier rose.

H. 425. L. 360.

12

98. Charges : l'une d'elle représenterait M⁰ Gérard. Deux dessins dans le même cadre.

99.

98 *bis*. Charges. Cinq dessins.

WATTEAU (attribué à Antoine)

535
Mathey

99. Etudes de Draperies pour une Femme jouant de la guitare. Aux trois crayons, sur papier brun.

L. 295. H. 265.

WATTEAU, de Lille (J. L.)

255
Delteil

100. Femme à mi-corps, assise, tenant une serinette. Au crayon noir, avec rehauts de sanguine et de craie.

H. 365. L. 240.

WATTEAU, de Lille (L. J.)?

150

101. Etude pour un Portrait de Femme à mi-corps, assise, tenant un éventail, et étude de mains. Au crayon noir, avec légers rehauts de sanguine et de craie.

H. 420. L. 280.

WILLE Fils (P. A.)

110

102. L'Essai du Corset. A la mine de plomb. A été mis au carreau pour la gravure de Dennel.

H. 440. L. 345.

BRONZES

BARYE (A. L.)

500 103. Aigle et Héron.

230 104. Lion assis.

170 105. Néréide arrangeant son collier.

135 106. Cheval.

125 107. Serpent python étouffant un Crocodile.

235 108. Junon.

109. Sous ce numéro, il sera vendu six statuettes, bronzes et biscuits.

110. Sous ce numéro, il sera vendu quelques dessins non catalogués.

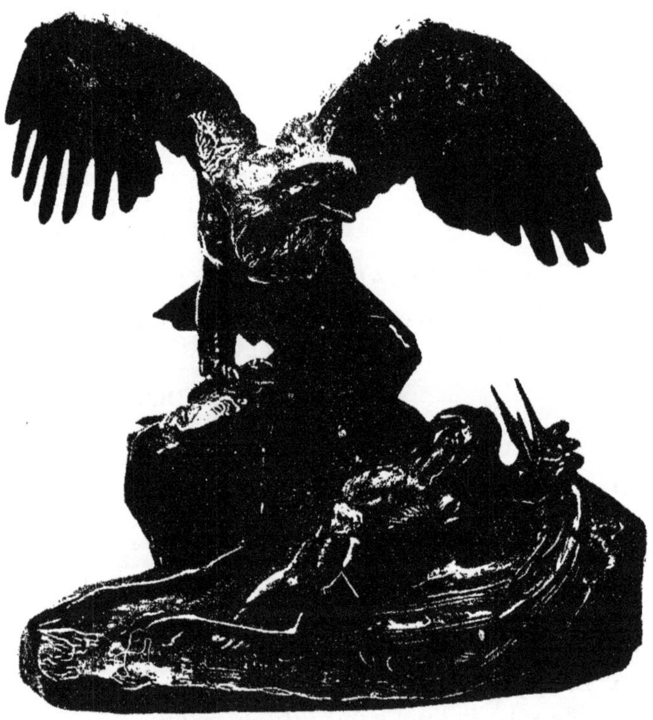

N° 103 du Catalogue.